Ith 78

MÉMOIRES

SUR LES CAMPAGNES DE L'ARMÉE DU RHIN

ET DE RHIN-ET-MOSELLE.

CAMPAGNES DES FRANÇAIS EN ALLEMAGNE,

Année 1800, etc.

SAINT-DENIS. IMPRIMERIE DE CONSTANT-CHANTPIE,
Rue de Paris, n. 13.

MÉMOIRES

SUR LES CAMPAGNES

DE

L'ARMÉE DU RHIN ET DE RHIN-ET-MOSELLE,

DE 1792 JUSQU'A LA PAIX DE CAMPO-FORMIO, etc.

CAMPAGNES DES FRANÇAIS

EN ALLEMAGNE, ANNÉE 1800, etc.

(Extrait du JOURNAL DES SCIENCES MILITAIRES, 48° Livraison.)

Paris.

J. CORRÉARD JEUNE, ÉDITEUR,
DIRECTEUR DU JOURNAL DES SCIENCES MILITAIRES,
RUE SAINT-GEORGES, N° 28.

—

1829.

MÉMOIRES

SUR LES CAMPAGNES DE L'ARMÉE DU RHIN

ET DE RHIN-ET-MOSELLE,

De 1792 jusqu'à la paix de Campo-Formio, etc. (1)

CAMPAGNES DES FRANÇAIS EN ALLEMAGNE, Année 1800, etc. (2)

Ces deux ouvrages importans viennent de paraître en même temps : ils traitent, sinon les mêmes événemens, du moins des faits régis par les mêmes principes, exposés dans la même direction d'intention et de jugement, bien que sans aucune concertation vraisemblable entre les auteurs.

Le premier est présenté au public par une main illustre, sous le titre de *Mémoires sur les Campagnes des armées du Rhin et de Rhin et Moselle, de 1792 jusqu'à la paix de Campo-Formio, par le maréchal Gouvion-Saint-Cyr.*

Le second est contenu dans le tome 5me du Mémorial du Dépôt général de la guerre, imprimé par ordre du ministre de la guerre, pour les années 1827 et 1828, et remplit presqu'entièrement le volume ; c'est une discussion historique, très-étendue,

---

(1) A Paris, chez Ancelin, libraire, rue Dauphine, n. 9.
(2) A Paris, chez Picquet, etc., quai de Conti, n. 17.

intitulée : *Campagne des Français en Allemagne, année* 1800, *Moreau général en chef; par le colonel de cavalerie marquis de Carrion Nisas, chargé des travaux historiques spéciaux, etc.*

La première de ces publications est, comme on le voit, le résultat des souvenirs et des savantes veilles d'un général d'armée et d'un administrateur également éminent, aussi capable de *dire* que de *faire* et de *penser* : il a parlé autant que le besoin de la narration le comporte, avec non moins de concision que de gravité, et comme disent les Romains, nos maîtres dans la pratique et les récits de la guerre, IMPERATORIA BREVITATE. Voici comment, à la fin de son 4me et dernier volume, il résume les opinions éparses dans son ouvrage, sur la grande question qui s'agite incidemment, mais continuellement depuis la paix, entre les écrivains militaires.

« Si les armées françaises obtinrent pendant cette période de six ans (celle qui est marquée dans le titre), d'aussi étonnans succès, elles les durent à l'esprit patriotique qui les animait et qui leur a donné *le courage de supporter tant de privations*. A presque toutes les époques et sous tous les gouvernemens, les Français ont été ce qu'on appelle braves et brillans dans les combats, mais jamais ils n'ont été si *courageux*, et il y a une grande différence de la *bravoure* au *courage* : l'amour de la gloire est le stimulant de l'une, l'autre a pour soutien l'amour de la patrie et de la liberté, sans laquelle il n'y a pas de patrie. *Cette vérité ressortirait du parallèle entre nos armées de cette époque, et celles même qui ont existé pendant la période brillante du consulat et de l'empire.* Nous avons vu les unes, formées de paysans et d'artisans rassemblés à la hâte et avant de savoir se servir de leurs armes, mises en face des vieilles armées de l'Europe, sans discipline, et l'on pourrait dire sans chefs, si par ce titre on entend la capacité qui dirige. Ces troupes, ou plutôt *ces rassemblemens improvisés par la plus urgente nécessité, se trouvent bientôt dépourvues de vêtemens, de magasins et de solde, comme de toute espèce de récompenses et de stimulant, autre que l'amour de la patrie et le devoir de la servir.* En peu d'années elles deviennent supérieures en tout point aux meilleures armées de l'Europe, *qui sont forcées d'adopter leur tactique et d'imiter leur organisation.* Elles souffrent *toutes les privations*, bravent la rigueur des saisons dans tous les climats, supportent les revers avec constance et sont victorieuses sur les champs de bataille, *soit qu'elles marchent en avant ou en retraite.* La moindre parcelle du sol de la France est garantie des insultes de l'ennemi, et ce que de premiers malheurs avaient fait perdre, est aussitôt repris. Finalement, la plus terrible des coalitions est vaincue, forcée d'accepter la paix et de *consentir à l'agrandissement de la France sur les frontières du Rhin et des Alpes.*

» Voilà ce qu'ont fait les armées de cette époque, avec le courage et la persévérance qu'inspire l'amour de la patrie. Le consul hérite de ces armées aguerries, disciplinées et instruites; s'il touche à leur organisation, il ne peut que l'affaiblir, et c'est ce que l'on a vu *par la formation de la cavalerie en corps d'armée, et la création d'une garde nombreuse, qui a le double inconvénient d'énerver les corps d'où on la tire, et d'être par les faveurs dont elle jouit, un objet de jalousie.* Il conserve précieusement le zèle qui les anime, seulement il le détourne et tout est mis en œuvre pour l'attirer à lui. C'est dans ce but que le sort des militaires est amélioré de toutes les manières, que des encouragemens de tout genre sont préparés, que des marques de distinction sont créées. Les plus brillantes comme les plus solides récompenses n'attendent pas les réclamations, elles vont au-devant; la bravoure est stimulée à l'excès dans tous les rangs; *mais ce n'est plus ce courage persévérant qui fait supporter toutes les privations.* On n'excitait que le dévouement à la personne de l'empereur, mais le dévouement n'est jamais aussi général; il est toujours à craindre qu'il ne se restreigne bientôt à un petit nombre d'individus accablés des dons du chef.

» Assurément les victoires de l'empire furent brillantes, nombreuses, jamais peut-être on n'en vit d'un tel éclat; mais pour en obtenir de pareilles, on dut *épuiser les ressources de la France et des états sous son influence.* Je préfère de beaucoup le système plus modéré qui fut assez généralement suivi pendant les six premières campagnes de la révolution; car on doit voir dans l'art de la guerre un moyen conservateur des états, plutôt qu'un instrument de conquêtes immodérées. C'est pourquoi, je le répète, je donne la préférence au système qui a conservé le territoire intact, en l'agrandissant de tout ce qui pouvait le renforcer dans des proportions convenables, qui nous a valu des conquêtes, non-seulement susceptibles d'être conservées, mais qui rendaient la défense de la France plus facile en constituant mieux ses frontières.

L'historien de l'art militaire, narrateur et observateur de la campagne d'Allemagne de 1800, n'avait pas les mêmes titres que le maréchal à commander la confiance et à parler avec empire. Pour parvenir à opérer sur les esprits la même persuasion, il fallait plus d'étude et de détails, plus d'efforts et de développemens; tel a été effectivement son procédé, et voici comment il s'exprime et se résume à son tour dans les deux derniers chapitres de son ouvrage, après le récit et la discussion de tous les faits.

» *Nous pouvons donc conclure que toute guerre qui ne se fera pas d'après l'esprit général et les principes qui ont présidé à ces deux campagnes de l'armée du Rhin, que toute guerre dont les calculs seront établis en dehors de cette sphère d'idées, en dehors d'une spéculation militaire, méthodique et prévoyante, d'une politique sage, et par conséquent modérée, d'une connaissance morale et réfléchie des peuples, des états, de l'histoire, et enfin du cœur humain, sera exposée à de dangereuses vicissitudes, à de graves mécomptes.*

« S'il est vrai que la fortune a rarement ménagé ce qu'on ne devait qu'à elle, s'il est vrai que le temps n'a presque jamais respecté ce qu'on avait fait sans lui, il est certain aussi que l'un et l'autre ont le plus souvent maintenu, ou du moins laissé subsister, les œuvres de la sagesse et de la réflexion. Ainsi nous sont demeurées propres, et aussi solides que des héritages, les acquisitions de nos rois, faites par la guerre sur un plan judicieux, sur un plan conforme à la nature des choses, conçu avec maturité, exécuté avec à-propos et circonspection, non moins habilement et sagement poursuivi, et mené à fin avec constance (1). Au contraire, nous avons eu tout temps, presque im-

---

(1) Particulièrement, et dans les temps les plus proches, la Bresse, le Roussillon, la Flandre, la Franche-Comté, l'Alsace et la Lorraine; quelques unes de ses acquisitions faites aussi par forme d'échange et de compensation. (*Note du Mémorial.*)

médiatement, perdu toutes celles de nos conquêtes qui ont eu le caractère opposé (1). *Ainsi nous seraient restées pleines et intactes les frontières qui nous avaient été assurées par les traités de Lunéville et d'Amiens, résultats des campagnes qui avaient précédé la campagne de* 1800, *et surtout de cette dernière*, si, lorsque ces traités furent déchirés, et que de nouveaux succès nous emportèrent, nous n'avions pas imaginé de proclamer et de constituer, comme établissemens permanens, des agrandissemens capricieux, ou du moins, et par leur nature même, précaires et momentanés ; *si nous n'avions pas prétendu ériger des excursions et des bivouacs en conquêtes et en départemens. Ainsi, un mouvement de réaction plus rapide encore que l'action même, nous a repris à la fois Amsterdam et Bruxelles, Hambourg et Mayence, Rome et Chambéri.*

» Après les reflexions que doit nous inspirer ce double retour de fortune et de position, il importe plus que jamais de recommander, comme objets constans d'émulation et d'étude, à nos futures générations militaires, les faits et les hommes de 1800, l'esprit qui animait ces armées, les institutions qu'on y voyait fleurir.

A la tête de ces institutions, il faut placer le beau système, alors dans tout son éclat et dans toute sa pureté, de cette division française sortie tout armée du chaos de la révolution, miraculeusement organisée au sein de notre anarchie, de cette division, amalgame si judicieux de toutes les armes.

» Par la création de la brigade, Turenne tendit à régulariser les élémens de l'art et de la force militaire, et les dégagea, dès lors, de la confusion et des désordres du moyen âge. *La division, telles que les armées de la république la virent en honneur jusques après Hohenlinden, fut l'élément tactique le plus parfait qui eût encore paru dans les armées d'aucun peuple, sans en excepter la légion romaine, et, à plus forte raison, la phalange grecque* (2).

---

(1) Telles furent les funestes expéditions et acquisitions de Charles VIII, de Louis XII, de François Ier et de Henri II, en Italie, et ce que nous avons vu de nos jours. Voyez la lettre de Dumouriez à Custine, pièces justificatives de cette seconde partie, N° XVI, sur notre expédition de Bohème en 1741. (*Note du Mémorial.*)

(2) Voyez ce que nous disons de la brigade et de sa création par Tu-

» Cette organisation, après avoir rendu les plus signalés services, a été, bientôt après l'usage qu'en avait Moreau en 1800, et au grand détriment de la science militaire, sinon mise en oubli, du moins totalement dénaturée et remplacée par des procédés qui, plus long-temps suivis, auraient fait rétrograder l'art vers son enfance, et les nations européennes vers la barbarie asiatique (1).

» Depuis 1800, on a continué à avoir des corps d'armée, comme à cette campagne; mais les portions qu'on appelait encore divisions, dans ces corps d'armée, n'avaient plus assez de consistance, chacune prise à part; elles n'avaient plus, comparées l'une à l'autre, assez d'égalité entre elles pour prétendre utile-

---

renne, dans notre *Essai sur l'histoire générale de l'Art militaire*, tome II, page 111. Voici comme nous caractérisons la division dans les *Maximes militaires*, que nous avons rapprochées, à la fin de cette *Histoire*.

« La division, telle qu'elle a été au commencement de la guerre de la
» révolution, offrait le résultat le plus parfait de toutes les expériences, de
» toutes les traditions, la meilleure école de toutes les armes, le meilleur
» instrument de toute tactique et de toute stratégie; les élémens de cette
» division pouvaient s'adapter à tous les terrains, faire tête à tous les ad-
» versaires. Si le terrain devenait difficile et raboteux, elle dispersait ses
» troupes légères et réduisait sa masse. Si le théâtre s'aplanissait, la masse
» rappelait à elle ses accessoires. Le même mouvement de resserrement ou
» de dilatation avait lieu, suivant qu'on perdait du monde ou qu'on se con-
» servait. Une forte défensive, une mobile offensive, s'organisaient suc-
» cessivement avec facilité et succès. *De telles divisions sont le meilleur
» foyer de l'esprit militaire et de ce qu'on appelle l'esprit de corps, qui em-
» brasse alors une grande sphère.* »

» La meilleure constitution d'armée, avons-nous dit aussi, a toujours été
» celle *où le soldat de toute arme voyait de plus près l'exercice et les effets
» de toutes les armes.* »

Nous avions fait ailleurs, et précédemment, l'histoire succincte, mais suffisante, de la division, page 420, tome II. (*Note du Mémorial.*)

(1) « De tous temps, dit Bossuet, l'objet le plus odieux qu'eut toute la Grèce était *les barbares*; elle croyait que l'intelligence et le vrai courage étaient son partage naturel; elle ne pouvait souffrir que l'Asie pensât à la subjuguer; elle eût cru assujétir la vertu à la volupté, l'esprit au corps, *et le véritable courage à une force insensée qui consistait simplement dans la multitude.* » (*Note du Mémorial.*)

ment à une sphère d'activité particulière et semblable, comme celles que conduisaient les généraux de l'armée du Rhin; dans cette armée, le mélange des armes, combiné avec la grande importance morale laissée à l'individu (1), multipliait à l'infini ces avantages que le profond Machiavel regarde comme les plus heureux, quand il dit, en parlant de l'organisation légionnaire de la république romaine, qu'une telle armée *avait d'autant plus de vigueur, qu'elle avait plus d'impulsions diverses, et qu'elle comptait plus de corps différens dont chacun avait sa vie et son impulsion particulière.*

» Au sage amalgame des armes, qui est la base de ce système, ont succédé *ces masses de cavalerie qui ne pouvaient plus vivre nulle part* (2); *ces grenadiers réunis qui épuisaient, énervaient, tous les autres corps; ces gardes de toutes les dénominations, de toutes les nuances de solde et de priviléges qui absorbaient toutes les ressources, humiliaient toutes les armes.*

» C'est surtout dans les mouvemens rétrogrades que ces vastes impulsions, uniquement calculées pour l'attaque et pour l'invasion, ont produit un désordre, une confusion inextricables, une prostration de forces sans ressource, parce que ce système

---

(1) Dans le deuxième volume de notre Histoire de l'Art militaire, p. 48, sous ce titre : *Esprit des armées de la république*, voyez les détails d'après lesquels *jamais le soldat français ne dut valoir davantage par lui-même qu'en 1800, n'offrit plus d'intelligence, plus de ressort, plus de ressources individuelles en tout genre.* (Note du Mémorial.)

(2) Dans nos *Maximes militaires*, déjà citées, nous n'avons pas craint de dire d'une manière également sommaire et tranchante : « Les grands corps
» de cavalerie ont toujours attesté l'ignorance ou l'abus de l'art, ont péri
» promptement et compromis les armées. » Nous avions expliqué et justifié d'avance cette maxime, en disant que « *la première comme la plus parfaite*
» *de toutes les machines de guerre, c'est l'homme à cheval....*» Et rendant
» raison de cette expression, nous avions fait observer que *l'homme lié au*
» *cheval peut, par là même, descendre de sa sublimité morale; car l'homme*
» *n'agit pas sur le cheval qui lui est soumis, comme il agit sur lui-même; un*
» *cheval peureux, faible, succombant à la faim ou à la soif, rend inutile la*
» *force et le courage du cavalier, dont la vigueur d'âme brave ces besoins*
» *impérieux.* » (Voyez *Histoire de l'Art militaire*, tome Ier, page 35.)
(Note du Mémorial.)

avait donné aux chances du hasard ou d'une folle témérité un empire effrayant; parce que ces chances entraînaient dans leur vaste rotation la puissance, plus sage, mais plus bornée et plus délicate, des combinaisons morales et administratives.

» De ces deux écoles de guerre, opposées en tout l'une à l'au-
» tre, celle que nous recommandons a obtenu de grands et so-
» lides succès; la campagne de 1800 vient de nous le montrer;
» comme cette école, à l'exemple de celle de Rome, fait entrer
» dans ses calculs la possibilité de la défaite, et qu'elle lui pré-
» pare d'avance des remèdes et des compensations, elle a pu
» soutenir et adoucir de grands revers; les années qui avaient
» précédé 1800 en offrent le témoignage.

» L'autre école a eu d'éclatans triomphes, nous en avons été
» éblouis; mais a-t-elle réparé autant de désastres, et en con-
» servant toujours l'honneur, a-t-elle repris aussi solidement ses
» avantages de position? Ses revers ont été décisifs, et nous en
» sommes restés accablés.

» Voilà avec quel cortége de faits, avec quels titres, l'expé-
» rience contemporaine, sans parler de celle des siècles pré-
» cédens, présente les deux écoles au jugement et au choix des
» hommes sans prévention. » . . . .
. . . .

» On tomberait dans une étrange distraction si on ne recon-
naissait pas, à chaque page de l'histoire, *une étroite analogie entre ce qui produit les succès militaires et ce qui en maintient les résultats, entre ce qui fait les conquêtes et ce qui les conserve, entre ce qui procure la paix et ce qui la rend ferme et stable.*

» Ce qu'on perd peu à peu, et après de longs efforts, ne laisse pas l'idée de pouvoir être facilement recouvré; mais ce qu'on perd tout à coup, par une grande violence de la fortune, on espère s'en ressaisir à l'aide d'une circonstance semblable : on cède à la nécessité présente, mais on ne se résigne point pour l'avenir.

» Sans remonter, en ce moment, à des temps antérieurs à l'é-
poque dont nous nous occupons, nous avons vu, depuis cette époque, des capitales occupées, des empires envahis, des ar-

mées et des populations foudroyées par la guerre; elles n'ont jamais éprouvé ce découragement profond, cette stupeur mortelle où tombèrent l'armée et la nation autrichiennes après Hohenlinden.

» Tant de combats inutiles, tant de manœuvres vaines, tant d'efforts perdus, tant de défaites sur tant de champs de bataille si différens, avec des circonstances si diverses, mais toujours avec la même et accablante issue, voilà ce qui éteignait, enfin, toute confiance; voilà ce qui dictait au cabinet de Vienne la seule paix (avant la restauration) qui ait eu le caractère de la sincérité. Le chef de la maison d'Autriche abdiqua le titre d'empereur d'Allemagne; cette maison renonça à tous ces avant-postes qui la ramenaient sans cesse en Souabe, sur le Rhin, et, par conséquent, aux portes de l'Alsace et de la Lorraine, berceau de la nouvelle dynastie autrichienne. Enfin, après Hohenlinden, il a fallu quatre ans et tous les efforts de l'Angleterre, menacée jusque dans son île, pour réarmer l'Autriche; après Austerlitz, il a suffi de quinze mois et d'un rayon d'espoir pour ramener la Russie sur le champ de bataille au secours de la monarchie prussienne, et, à son tour, l'humiliation extrême et l'oppression qui pesèrent sur cette monarchie ne contribuèrent pas peu, sans doute, à rappeler une troisième fois l'Autriche aux combats : cercle malheureux, déplorable enchaînement des abus de la victoire, dont le vaincu s'irrite, dont les neutres s'alarment, qui réconcilie des rivaux également maltraités, et ne fait que hâter et multiplier pour le vainqueur les chances de la catastrophe.

. . . .

» Les guerriers dont nous avons raconté les faits, dans cette histoire de la campagne de Moreau en 1800, rappellent les hommes que Plutarque présente au suffrage des siècles; plus heureux que la plupart des anciens, les nôtres ont été accompagnés dans leur carrière active, suivis dans leur repos, par l'estime toujours croissante de leurs contemporains; plusieurs ont uni avec succès les illustrations de la paix à celles de la guerre; quelques-uns sont offerts encore aujourd'hui, par le Prince, comme modèles à l'émulation des citoyens et des guerriers, et siégent sur les bancs de la pairie avec l'applaudissement de l'armée et de la nation (1). Ils y siégent enveloppés de leur modestie, non moins que de leur gloire, plus remarquables par le souvenir de leurs longs et difficiles travaux, que par l'appareil d'une existence fastueuse; ils n'étalent point, ils n'ambitionnèrent jamais cette opulence cruelle qui se grossit trop aisément des larmes des vaincus et du sang des vainqueurs; leurs vertus comme leurs exploits peuvent être proposés, par tous les amis du pays et du gouvernement, à l'imitation des générations militaires qui s'avancent pour nous remplacer.

» Des faits auxquels leurs noms se rattachent dans l'histoire contemporaine, des faits qui, dans l'histoire des guerres antérieures, leur avaient servi d'exemple ou de leçon, peut et doit se déduire une maxime importante pour nous, savoir, *que pour soutenir, pour sauver les empires dans leurs plus fortes crises, pour les agrandir dans de sages proportions de temps et d'espace, il suffira toujours de la guerre méthodique et classique, faite avec un talent réel, sans doute, mais moins brillant que consciencieux.* »

Il faut convenir que jamais la question entre *les deux écoles*, que l'on caractérise ici, n'a été posée d'une manière plus franche, plus nette, plus étendue. Les deux écrivains que nous ve-

---

(1) Ceux qui siégent actuellement sur les bancs de la Chambre héréditaire sont : les maréchaux marquis de Gouvion-Saint-Cyr, et comte Molitor; les lieutenans-généraux comte Bruneteau de Sainte Suzanne, Klein, Claparède, Guilleminot.

Ceux que la mort a moissonnés dans les mêmes rangs, dès les commencemens de l'établissement de la pairie, ou du moins avant que nous eussions entrepris l'histoire d'une campagne à laquelle leurs noms se trouvent si honorablement attachés, sont : les lieutenans-généraux comtes Legrand et Colaud; le premier, si chéri, si vénéré de toute l'armée, et si digne de l'être; le second, si estimé pour l'inflexible austérité de son caractère vraiment antique.

Enfin, et au moment où nous étions prêts à terminer un travail auquel il prenait un si vif et si utile intérêt, la France a perdu, d'une manière aussi prompte qu'inopinée, le lieutenant-général marquis Dessolles, à tant de titres cher à l'armée et à l'Etat, comme homme public; à tous les gens de bien, comme homme privé. (*Note du Mémorial.*)

nons de citer appartiennent au système qui ne considère la conquête que comme l'accessoire et le moyen, bien qu'elle n'en soit que plus sûrement le résultat définitif de la guerre. Ceux qui, au contraire, ne tournant jamais les yeux en arrière, semblent voir dans l'invasion et la conquête le principal et le but de toutes les opérations militaires, auront à répondre à des opinions et à des maximes qui, jusqu'à nouvel ordre, semblent assez plausiblement déduites des faits.

Strauss, officier d'état-major.

www.ingramcontent.com/pod-product-compliance
Lightning Source LLC
Chambersburg PA
CBHW060859050426
42453CB00011B/2036